KB192030

평범한 우리 어린이들을 다음 세대
위인으로 만들어 줄 교과서 위인 이야기!
효리원의 교과서 위인 이야기는 초등학교
교과 과정에 나오는 국내외 위인들을, 우리나라
최고 아동 문학가 53인이 재미있게 동화로 구성했습니다.
지혜와 용기로 위대한 삶을 산 위인들의 이야기는,
어린이들의 마음속에 '나도 할 수 있다.'는
희망의 씨앗을 심어 줄 것입니다!

## 일러두기

1. 띄어쓰기와 맞춤법 : 초등학교 국어 교과서와 국립국어원의 『표준국어대사전』을 기준으로 하였습니다.

2. 외래어 지명과 인명 : 국립국어원의 『외래어 표기 용례집』을 기준으로 하였습니다.

3. 이해가 어려운 단어 : ( ) 안에 뜻풀이를 하였습니다.

4. 작가 연보 : 연도와 함께 나이를 표기하고, 업적을 간략히 소개하였습니다. 우리나라 위인은 태어난 해를 한 살로 하였고, 외국 위인은 만 나이를 한 살로 하였습니다. 정확한 자료가 없는 위인은 연도와 업적만을 나타냈습니다.

5. 내용 구성 : 위인의 삶은 역사적 자료를 바탕으로 최대한 사실적으로 구성하였습니다. 그러나 읽는 재미를 위해 대화 글이나 배경 묘사, 인물의 감정 표현 등에 작가의 상상력을 가미하였습니다.

6. 그림 구성 : 문헌을 바탕으로 위인이 살던 시대를 충실히 나타내도록 하되 복식의 색상이나 장식, 소품, 건물 등은 작가의 상상으로 그렸습니다.

7. 내용 감수 : 각 분야의 전문가들로 구성된 편집 위원들이 꼼꼼히 감수를 하였습니다.

## 편집 위원

**김용만**(우리역사문화연구소장)
교과서에서 만나는 위인들을 중심으로 일화와 함께 그림과 사진을 곁들여 지루하지 않게 읽을 수 있습니다. 술술 읽다 보면 학교 공부에도 많은 도움이 될 것입니다.

**신현득**(동시인, 전 새싹회 회장)
우리가 자주 듣고 접하는 역사 속 실존 인물들이 자신의 꿈을 이루기 위해 어떻게 노력했는지 깨달아 가면서 우리 어린이들은 한층 더 성숙해질 것입니다.

**윤재운**(동북아역사재단 연구 위원)
위인전을 읽으면서 어린이들은 시대를 넘어 간접 체험을 할 수 있습니다. 어떻게 살아야 하는지 인생에 대한 동기 부여와 함께 삶이 보다 풍요로워질 것입니다.

**이은경**(철학 박사, 전북과학대 유아교육학과 교수)
한 사람의 인격과 품성은 어릴 때 형성됩니다. 따라서 초등학교 저학년 때

어떤 책을 읽느냐에 따라 생각의 크기가 달라집니다. 어린이의 미래를 위해 이 책은 꼭 읽어야 합니다.

**이창열**(하버드 대학교 물리학 박사, 전 국가과학기술자문회의 전문 위원)
세상을 바꾼 위대한 인물의 이야기는 어린이의 인성 및 감성 발달에 큰 영향을 미칠 뿐 아니라 실험 정신과 개척 정신을 길러 줍니다. 용기와 지혜로 세상을 헤쳐 나가는 당당한 어린이를 꿈꾼다면 이 책은 꼭 한번 읽어 보아야 합니다.

**정재도**(한글학자)
위인으로 일컬어지는 이들은 어떤 생각을 하고, 어떤 삶을 살았을까요? 그들의 흔적을 담은 위인전은 복잡한 현대를 이끌어 갈 우리 어린이들에게 나침반과 같은 역할을 할 것입니다.

**조수철**(서울대학교 의과대학 소아정신과 교수)
위인전은 시대와 신분, 업적이 다른 위인들의 삶이 다양하고 흥미롭게 구성되어 있어 손쉽게 여러 삶의 모습을 만날 수 있습니다. 용기 있게 고난을 헤쳐 나간 위인의 이야기를 통해 삶의 지혜를 배울 수 있을 것입니다.

# 아프리카 톤즈 마을을 울린 신부님

## 이태석

박현숙 글 / 윤만기 그림

효리원
hyoreewon.com

요즘은 자기밖에 모르는 어린이들이 많습니다. 그래서 이웃을 배려하고 더불어 살려는 따뜻한 마음이 부족한 사람으로 자라나기 쉽습니다.

이태석 신부님의 이야기는 어린이 독자들에게 봉사와 나눔의 삶에 대해 생각할 수 있는 기회가 될 것입니다. 더불어 어떤 삶이 값지고 보람이 있는지도 배우게 될 것입니다.

이태석 신부님이 어떤 업적을 이루었는지를 중심으로 책을 읽는 것은 중요하지 않습니다. 신부님이 어떤 마음으로 그 일을 하게 되었는지가 더 중요합니다. 어린이들이 책을 읽을 때 그런 것에 중점을 두어 읽도록 지도하면 좋겠습니다.

예를 들어 신부님이 톤즈 마을에 처음으로 병원을 지은 것은 대단한 업적입니다. 하지만 병원을 지은 그 업적보다 더 중요한 것은 질병에 시달리는 톤즈 사람들을 위했던, 그래서 꼭 병원을 지어야 했던 신부님의 마음입니다.

또 사람이 가장 행복한 마음이 들 때가 언제인지 이야기를 나눠 보며 책을 읽는 것도 좋겠습니다. 물질적으로 풍요롭고 모자란 것 없이 자라는 어린이들은 열악한 환경의 생활은 모두 불행하다고 생각하기 쉽습니다. 하지만 이태석 신부님은 가난한 아프리카 톤즈에서 보냈던 8년이 가장 행복했다고 말했습니다. 그리고 신부님의 행복한 마음은 전쟁과 가난으로 상처를 입은 톤즈 사람들에게 전염되었습니다. 그래서 톤즈 사람들은 어려워도 행복할 수 있다는 걸 알게 되었습니다.

부디 어린이들이 이 책을 읽고 봉사와 나눔, 그리고 행복에 대해 깊이 생각해 보는 기회가 되었으면 합니다.

이태석 신부님은 어렵고 가난한 사람들의 친구였습니다. 의사로 편하게 살 수 있는 삶을 뒤로하고 신부가 되어 아프리카 수단의 톤즈로 갔습니다.

전쟁과 가난으로 힘겹게 살고 있는 톤즈 사람들에게 신부님은 희망을 심어 주었습니다. 그곳에 학교를 짓고 병원도 지었습니다. 전쟁 때문에 마음에 상처가 많은 아이들에게 음악을 가르쳐 상처가 아물고 따뜻한 마음을 가지도록 도왔습니다. 신부님은 어떻게 해야 세상이 아름다워질 수 있는지 보여 주신 분이었습니다. 많은 어린이들이 신부님을 닮았으면 좋겠습니다.

글쓴이 박현숙

# 차 례

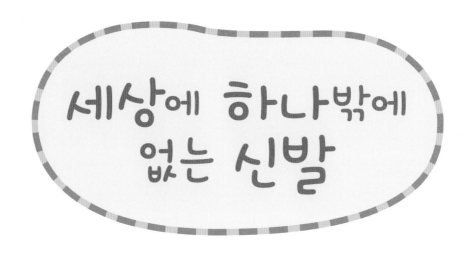

세상에 하나밖에 없는 신발

아프리카는 더운 곳입니다. 한낮에는 햇볕에 살이 타 들어 가는 것처럼 뜨겁습니다. 이태석 신부님이 봉사하는 톤즈는 아프리카 수단의 남쪽에 있습니다.

오늘은 아침부터 이태석 신부님의 손길이 바빴습니다. 자동차에 약을 싣고 살레시오회에서 보내 준 강냉이와 식용유도 실었습니다. 아무리 뜨겁고 더워도 이태석 신부님은 진료를 게을리하지 않았습니다.

"모두가 나를 애타게 기다리고 있을 거야. 지난번에 나눠 준

약은 제대로 먹고 있는지 모르겠다."

　오늘은 초나에 진료를 가는 날입니다. 초나는 한센병(나병을 말함. 피부에 살점이 불거져 나오거나 반점 같은 것이 생기고 그 부분이 마비됨. 눈썹이 빠지고 손발이나 얼굴이 일그러지고, 마침내 눈이 잘 보이지 않게 되는 전염병)을 앓는 사람들이 모여 사는 곳입니다.

한센병은 겉으로 보기에 무섭고 끔찍한 병입니다. 그 병에 걸리면 피부가 썩어 들어갔습니다. 손가락과 발가락이 떨어져 나가 손과 발이 뭉텅하게 변합니다. 또 병이 깊어지면 앞을 못 보기도 하고 코뼈와 얼굴뼈가 주저앉기도 합니다. 그렇기 때문에 한센병에 걸린 사람들은 사람들에게 버림받고 자기들끼리 모여 살고 있었습니다.

"쫄리 신부님이 오셨다. 쫄리 신부님!"

신부님 자동차가 초나 마을 입구에 들어서자 사람들은 손을 흔들며 반겼습니다. 그 가운데 손가락 다섯 개가 온전히 남아 있는 손은 하나도 없었습니다.

수단의 톤즈에서는 이태석 신부님을 '쫄리 신부님'이라고 불렀습니다. 신부님의 영어 이름인 '존 리'를 빨리 발음하다 보니 '쫄리'가 되었던 것이지요.

자동차에서 내린 신부님은 곧장 진료를 시작했습니다. 고름이 나고 썩어 들어가는 한센인들의 상처를 매만지며 정성껏 치료했습니다.

"그동안 누구도 우리 상처를 맨손으로 만지며 치료해 주지
않았어요. 쫄리 신부님은 하느님이 보내신 천사가 분명해
요."

16

한센인들은 눈물을 흘리며 고마워했습니다.

진료를 마친 신부님은 싣고 온 식용유와 강냉이를 나누어 주었습니다. 가난한 사람들에게 신부님이 나눠 주는 식용유와 강냉이는 큰 선물이었습니다.

그때 어린 딸의 손을 잡고 신부님을 찾아온 어머니가 있었습니다.

"저희 딸이 아무래도 한센병에 걸린 것 같아요. 한번 봐 주세요."

신부님은 아이의 몸을 잘 살폈습니다. 아이의 몸에는 울긋불긋한 반점이 나 있었습니다. 걱정이 된 신부님은 검사를 해 봤습니다. 다행히 치료를 받으면 간단히 나을 수 있는 피부병이었습니다.

"한센병이 아니에요. 정말 다행입니다."

신부님 말에 아이의 어머니는 실망했습니다. 한센인들이 받는 식용유와 강냉이가 부러웠거든요. 그만큼 수단 사람들은 가난했습니다. 신부님은 마음이 아파 아이 어머니에게도 식용유와 강냉이를 나누어 주었습니다.

한번은 발에 상처가 심한 환자를 치료했습니다. 한센인들은 몸에 상처가 나도 아픔을 느끼지 못하기 때문에 피가 나도 모르고 지나갔습니다. 신부님은 상처를 통해 나쁜 균이 들어갈까 봐 걱정이 되었습니다.

'신발을 신으면 상처에 균이 들어가는 것을 막을 수 있을 텐데……'

신부님은 이들에게 신발을 선물하고 싶었습니다. 하지만 발가락이 없고 모양도 모두 다른 한센인들의 발에 맞는 신발은 세상 어디에도 없었습니다.

'그래! 그렇게 하면 되겠다.'

신부님은 한센인들의 발을 종이에 대고 하나하나 모두 그렸습니다. 그 그림을 케냐의 수도 나이로비로 보내 튼튼한 가죽 샌들을 만들게 했습니다. 신부님이 살고 있는 곳에서는 신을 만들 공장도 기술자도 없었기 때문입니다. 이렇게 해서 발 모양에 따라 신발 모양도 다른 세상에 단 하나밖에 없는 신발이

탄생했습니다.

"정말 고맙습니다, 쫄리 신부님."

처음 신발을 신어 본 초나의 한센인들은 눈물을 흘리며 고
마워했습니다.

다미안 신부님처럼
되고 싶어

　이태석 신부님은 1962년 9월 19일 부산의 남부민동에서 태어났습니다. 10남매 중 아홉째였습니다. 위로는 여섯 명의 누나와 두 명의 형이 있었고 남동생이 한 명 있었습니다.

　신부님의 아버지와 어머니는 시장에서 장사를 했습니다. 넉넉지 못한 살림이었지만 행복했습니다. 하지만 아버지는 신부님이 아홉 살 되던 해에 돌아가시고 말았습니다. 그 뒤 어머니는 삯바느질을 해서 10남매를 키웠습니다.

　어렸을 적부터 태석은 성당에 다녔는데, 노래를 잘 불러 성가대에서 활동을 했습니다. 웃기는 말도 잘해 친구들에게 인기도 많았습니다. 그리고 어려운 아이들을 그냥 지나치지 못했습니다.

"나는 나중에 어른이 되면 고아원을 지어서 그 아이들과 함께 살 거야."

태석은 이런 말을 자주 했습니다.

    한번은 밖에 놀러 나갔던 태석이 급히 집으로 뛰어 들어왔
습니다.

    "엄마, 엄마, 바늘하고 실 좀 주세요."

    "얘가 왜 이리 호들갑이야? 갑자기 바늘하고 실은 왜?"

    어머니와 누나는 태석의 갑작스런 행동에 뒤따라 나가 보았
습니다.

    태석이 웬 아이의 바지를 꿰매 주고 있었습니다. 그 아이
의 옷은 낡다 못해 군데군데 떨어지고 살이 훤히 드러났습니
다. 태석은 그 아이의 바지를 보고 그냥 지나치지 못했던 것
입니다.

"우리 태석이는 마음이 아주 따뜻하구나."

어머니와 누나는 그런 태석의 모습을 바라보며 흐뭇해 했습니다.

24

태석은 효성이 지극한 아이이기도 했습니다.

'어머니는 혼자 10남매를 키우시느라고 고생을 참 많이 하시는구나. 어머니를 기쁘게 해 드려야지.'

태석은 어머니를 기쁘게 해 드리기 위해 공부를 열심히 했습니다. 어머니는 언제나 백 점을 맞는 태석의 시험지를 들고 기뻐했습니다.

어느 날 태석은 성당에서 영화를 보게 되었습니다. 벨기에의 '다미안' 신부님에 대한 영화였습니다. 다미안 신부님은 남들이 보기조차 꺼려하는 한센병 환자들을 돌보았습니다. 상처를 직접 치료해 주고 집도 지어 주었습니다. 그러다 그만 한센병에 걸려 세상을 떠났습니다.

"어떻게 저럴 수가 있을까? 다미안 신부님은 정말 훌륭하신 분이야. 나도 나중에 크면 다미안 신부님처럼 어려운 사람들을 돌보아야지."

태석은 다미안 신부님이 한센병자들의 상처를 거리낌 없이 만지고 진심으로 그들을 사랑하는 것을 보고 큰 감동을 받았

습니다. 그리하여 꼭 다미안 신부님처럼 남을 위해 봉사하는 사람이 되겠다고 다짐했습니다.

태석은 음악을 무척 좋아했습니다. 노래도 잘 부르고 풍금도 잘 쳤습니다. 중학생이 되었을 때는 콩쿠르에 나가 상을 받기도 했고, 직접 노래를 만들기도 했습니다. 중학교 때 지은 「묵상」이라는 제목의 성가는 가톨릭 성가집에도 실렸습니다.

드디어
신부가 되다

이태석은 고등학교를 졸업하고 의과 대학에 들어갔습니다.
"의사가 되어 어머니를 편히 모실 거야."
이태석은 정말 어머니를 잘 모시고 싶었습니다. 그때 이미
넷째 누나는 수녀가 되었고, 바로 위의 형도 신부가 되어 있었
습니다. 어머니는 신앙심이 깊어 그 일을 기쁘게 받아들였지
만 한편으로는 허전해 했습니다.
"우리 태석이는 아주 훌륭한 의사가 될 거야."
어머니는 하늘을 날듯 기뻐했습니다.

이태석은 외과 의사가 되기 위해 열심히 공부했습니다. 그러다 군의관으로 군대를 가게 되었습니다. 군의관은 의사의 업무를 보는 것으로 군 생활을 하는 사람을 말합니다.

군의관으로 지내면서 이태석은 부대에서 가까운 성당을 자주 찾았습니다. 그리고 쉬는 날에는 어려운 사람들을 돕는 봉사 활동을 꾸준히 했습니다.

그즈음 이태석은 신부가 되고 싶다는 마음이 커졌습니다. 의사가 되는 것도 좋지만 어려운 사람을 위해 봉사하는 것이 자신이 원하는 삶인 것 같았습니다.

"뭐라고? 신부가 되겠다고? 이제 곧 정식으로 의사가 될 텐데 힘들게 의사 공부를 하고 신부가 되겠다니."

어머니와 누나의 반대가 심했습니다.

"이미 형과 누나가 신부가 되고 수녀가 되었어. 그런데 너까지 그럴 필요가 뭐 있겠니? 의사도 충분히 봉사할 수 있는 직업이야."

어머니는 아들이 마음을 바꿔 주기를 바랐습니다.

"어머니, 죄송해요. 저는 신부가 되어 봉사하며 살아야 행복할 것 같아요."

이태석은 먹은 마음을 바꾸지 않았습니다. 한편으로는 고생하시면서 의과 대학 공부 뒷바라지를 하신 어머니에게 진심으로 미안했습니다.

하지만 자신의 결정을 바꾸지는 않았습니다. 마침내 어머니는 이태석의 뜻을 받아들였습니다.

이태석은 살레시오라는 수도회에 들어갔습니다. 살레시오 수도회는 가난한 청소년들의 교육을 위한 사업을 하고 있었습니다.

그 후 이태석은 광주가톨릭대학을 졸업하고 로마에 가서 신학을 공부했습니다. 그러던 중 방학을 맞이하여 가난한 땅 아프리카에 가서 제임스라는 신부를 만나게 되었습니다. 그리고 제임스 신부를 따라 수단에 잠깐 들르게 되었습니다. 수단은

**이태석 신부 기념실** | 이태석 신부의 모교인 인제대학교에 이태석 신부 기념실이 건립되었어요.

오랫동안 남쪽과 북쪽 주민들이 서로 사이가 좋지 않아 전쟁을 하고 있었습니다.

"전쟁과 질병, 가난으로 참으로 비참하게 사는구나!"

잠깐 들른 수단에서 이태석은 몹시 마음이 아팠습니다. 그래서 언젠가는 이 사람들을 위해 봉사해야겠다고 마음먹었습니다.

드디어 마흔 살 되던 해에 이태석은 그렇게도 원하던 신부가 되었습니다.

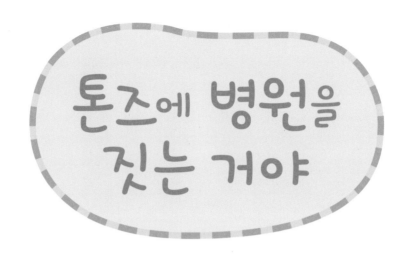

톤즈에 병원을
짓는 거야

'어디로 갈까? 어디에 가장 어렵고 힘든 사람들이 살고 있을
까?'

신부가 되자 이태석 신부님은 어느 곳이 자신을 가장 필요
로 하는 곳인지 깊이 생각했습니다. 그러다 몇 년 전 다녀온
수단이 떠올랐습니다.

'그래, 수단의 톤즈, 거기로 가자.'

신부님은 망설이지 않았습니다. 곧바로 수단으로 떠났습니다.

수단은 남수단과 북수단 사이에 전쟁이 계속 되고 있었습니

다. 북수단은 아랍계 주민이 살고, 남수단은 원래의 수단 주민이 살았습니다. 그런데 인종과 종교가 다르다 보니 전쟁이 끊이지 않았습니다(이후 수단은 2011년 7월 9일, 남수단이 독립 국가로 분리되어 2개 국가로 나뉨).

톤즈는 남수단에 있는 마을로 세계에서 가장 키가 큰 딩카

족이 사는 곳입니다.

톤즈 사람들은 잘 웃고 친절한 신부님을 좋아했습니다. 특히 아이들은 신부님을 '쫄리 신부님, 쫄리 신부님' 하고 부르며 졸졸 따라다녔습니다.

신부님은 톤즈에 간 첫날부터 환자를 치료하기 시작했습니다.

"쫄리 신부님은 의사시다!"

39

40

톤즈에는 금세 소문이 퍼졌습니다. 먼 곳에 사는 환자들도 며칠씩 걸어서 신부님을 찾아왔습니다. 수십 개가 되는 마을에 신부님을 제외하면 의사라고는 단 한 명도 없었거든요. 신부님의 진료실 앞에는 환자들로 끝이 보이지 않을 만큼 긴 줄이 생겼습니다.

"선생님, 우리 아이가 설사를 하고 열이 나요. 제발 좀 살려 주세요."

어느 날 밤이었습니다. 한 아주머니가 아이를 안고 왔습니다. 신부님에게 진료를 받기 위해 이틀을 걸어왔다고 했습니다.

"이럴 수가!"

아이를 받아 든 신부님 눈에는 눈물이 글썽거렸습니다. 아이는 이미 죽어 있었습니다.

'이곳에서 흔한 질병은 말라리아와 콜레라, 그리고 결핵이야. 주위를 깨끗하게 하고, 깨끗한 물을 마시며, 음식을 잘 먹으면 걸리지 않는 병인데……'

신부님은 다른 나라에서는 쉽게 고칠 수 있는 병으로 죽어야 하는 톤즈 사람들이 안타까웠습니다. 신부님이 진료를 하는 진료실도 움막이어서 벌레도 나오고 깨끗하지 못했습니다. 신부님은 우선 병원을 짓기로 마음먹었습니다.

신부님은 케냐의 나이로비까지 가서 병원을 짓는 데 필요한 것을 사 왔습니다. 전쟁 중인 수단에서는 못 하나도 구할 수 없었기 때문입니다.

신부님은 나이로비에서 사 온 시멘트와 톤즈 강의 모래를 섞어 직접 벽돌을 만들어 병원을 지었습니다.

"저희들도 신부님을 돕겠어요."

아이들도 힘을 합했습니다. 함께 톤즈 강에 가서 모래를 퍼 왔습니다.

마침내 12칸짜리 병원이 완성되었습니다.

"와, 멋지다. 우리 마을에도 병원이 생겼어."

톤즈 사람들은 얼싸안고 기뻐했습니다. 병원에는 입원실도 있어서 환자들은 치료를 제대로 받을 수 있게 되었습니다.

"쫄리 신부님의 병원에 가면 아픈 게 다 나을 수 있어."

훌륭한 병원이 생겼다는 소문을 듣고 환자들이 더 많이 몰려왔습니다. 신부님은 잠도 제대로 못 자고 환자들을 진료하고 치료했습니다. 어떤 날은 하루에 300명도 넘는 환자를 진료하기도 했습니다. 아무리 힘들어도 신부님 얼굴에는 웃음이 떠나지 않았습니다.

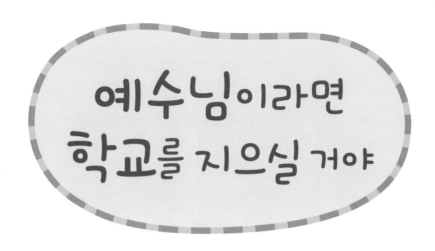

예수님이라면
학교를 지으실 거야

신부님은 마을을 돌아보며 한 가지 느낀 것이 있었습니다.

"한참 공부해야 할 아이들이 빈둥빈둥 놀고 있어. 정말 안타
까운 일이야."

마을에는 학교가 있었지만 폭격으로 부서져 공부를 할 수가
없었습니다.

"공부를 해야 가난에서 벗어날 수 있어."

신부님은 나무 밑에 아이들을 모아 놓고 가르치기 시작했습
니다. 초등학교 과정이었지만 열다섯 살, 열여섯 살이나 된 아

이들도 있었습니다. 대부분 전쟁과 가난 때문에 공부할 때를 놓친 아이들이었습니다. 아이들은 땅바닥에 앉아 공부를 했습니다. 공책도 없고 연필도 없었습니다.

"걱정하지 마세요, 신부님. 땅바닥을 공책으로 쓰고 나뭇가지를 연필로 쓰면 돼요."

아이들은 공부할 수 있는 것만으로도 행복했습니다.

"쫄리 신부님이 가르치는 공부는 정말 재미있어. 쫄리 신부님은 어려운 것도 아주 쉽게 가르치는 마법사야."

신부님이 학교를 열었다는 소문은 금세 다른 마을에도 퍼졌습니다. 그러자 이웃 마을에서 아이들이 하나둘 모여들었습니다.

'만약 예수님이 톤즈에 오셨다면 제일 먼저 무엇을 하셨을까? 그래, 분명 학교를 지으셨을 거야.'

신부님은 학교를 짓기로 마음먹었습니다. 그래야 더 많은 아이들을 가르칠 수 있기 때문입니다. 신부님은 먼저 폭격을 맞아 부서진 학교에 담을 쌓고 지붕을 얹었습니다. 그리고 집을 떠나 멀리 공부하러 온 아이들을 위해 머물 집을 지었습니다. 아이들은 그동안 못한 공부를 한꺼번에 하려는 듯 열심이었습니다.

"공부가 그렇게도 좋으니?"

신부님이 아이들에게 물었습니다.

"예, 밤에도 공부했으면 좋겠어요."

**제1회 이태석상 수상자** | 외교통상부가 제정한 '이태석상' 수상자로 선정된 외과 전문의 이재훈 선생님이 아프리카에서 의료 봉사를 하는 모습입니다.

톤즈에는 전기가 없어 낮에 태양열을 모아 밤에 불을 켤 수 있었는데, 불을 켜는 장소는 진료실과 성당뿐이었습니다. 신부님은 아이들이 밤늦게까지 공부할 수 있도록 성당과 진료실의 불을 환히 밝혀 주었습니다.

얼마 지나자 신부님에게는 또 다른 고민이 생겼습니다. 초등학교와 중학교 과정을 마친 아이들이 다닐 믿을 만한 고등학교가 없다는 것이었습니다.

'공부를 하는 것도 다 때가 있는 건데.'

신부님은 생각 끝에 고등학교 과정도 만들기로 마음을 굳혔습니다. 당장 고등학교 건물은 없지만 초등학교에서 창고로 쓰는 곳을 교실로 쓰기로 했습니다.

"신부님 뜻이 그러시면 저희가 돕겠습니다."

그때 한국에 '수단장학회'가 있어서 신부님을 돕고 있었는데, 수단장학회에서 신부님의 뜻에 힘을 보탰습니다. 수단장학회는 교복도 보내 주고 교과서도 구해서 보내 주었습니다. 고등학생들을 가르치기 위한 선생님들도 왔습니다.

신부님은 진료가 없는 시간에는 고등학생들에게 수학을 가르치기도 했습니다.

얼마 후 학교 건물이 지어지고 정식으로 고등학교가 문을 열었습니다. 이렇게 해서 톤즈에는 12년 과정의 초등학교, 중학교, 고등학교가 모두 생겼습니다. 이 학교 이름을 돈보스코라고 합니다.

브라스밴드

어느 날이었습니다.

"신부님, 신부님. 문 좀 열어 보세요."

깊은 잠이 들었던 신부님은 눈을 비비고 밖으로 나갔습니다. 사람들이 피투성이가 된 한 소년을 진료실로 데리고 들어왔습니다.

"신부님, 아이가 총에 맞았어요. 치료 좀 해 주세요."

소년의 이름은 마뉴엘이라고 했습니다. 전쟁이 계속되는 수단에서는 집안에 군대에 갈 어른이 없으면 어린 소년이 전쟁

터에 나가야 했습니다. 마뉴엘도 전쟁 중에 총에 맞았던 것이
지요. 신부님은 마뉴엘을 정성껏 치료했습니다. 마뉴엘은 처
음에 아주 거친 아이였습니다. 신부님을 주먹으로 때리기까지
했으니까요.

"아아, 싫어. 싫다고!"

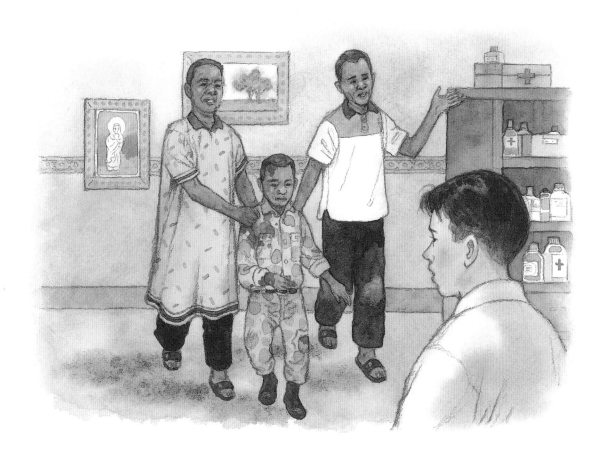

하지만 거친 마뉴엘도 알고 보면 주사 맞는 것을 무서워하는 어린아이였습니다.

'저렇게 주사를 무서워하는 어린아이가 군인이 되어 전쟁터에서 지내다 보니 거칠어진 거야. 전쟁과 가난이 아이들 가슴에 상처를 남기는구나.'

신부님은 마뉴엘을 보면 가슴이 아팠습니다.

"우리 음악을 해 볼까?"

신부님은 아이들에게 이렇게 말했습니다.

신부님은 음악이 전쟁으로 지친 아이들을 다정하고 따뜻한 아이로 만들 수 있을 거라고 생각했습니다.

"음악이요? 해요. 할게요. 쫄리 신부님과 하는 것은 뭐든 재미있어요."

아이들은 찬성했습니다.

처음에는 기타와 오르간을 가르쳤습니다.

"사랑해, 당신을. 정말로 사랑해……."

신부님은 아이들에게 한국 노래도 가르쳤습니다. '사랑해'는

톤즈의 아이들이 제일 잘 부르는 한국 노래였습니다.

음악을 가르치기 시작한 지 4년이 지났습니다. 이제는 기타와 오르간 외에도 트럼펫, 클라리넷, 트롬본, 튜바, 큰북, 작은북과 같은 악기도 가르치기 시작했습니다.

"쫄리 신부님, 정말 재미있어요."

아이들은 엉덩이를 흔들며 악기를 불고 두드렸습니다.

"너희는 다른 나라 사람들보다 음악을 훨씬 더 잘하는구나."

신부님은 아이들을 칭찬했습니다. 그것은 사실이었습니다. 딩카족은 음악에 천재적인 소질이 있었습니다.

"이렇게 악기를 잘 다루니 정식으로 밴드를 만들자."

신부님은 35명의 아이들로 '브라스밴드'를 만들었습니다. 밴드 유니폼은 한국에서 보내 준 빨간색 옷이었습니다.

"정말 멋있다. 나도 브라스밴드에 들어가고 싶어."

아이들은 브라스밴드에 들어간 아이들을 부러워했습니다.

그러던 어느 날 브라스밴드가 대통령으로부터 초대를 받았습니다.

"우리가 대통령 앞에서 연주를 한대!"

아이들은 들떴습니다.

남부 수단의 대통령이 개최한 정부 행사에는 대통령을 비롯하여 십만 명의 관중들이 모였습니다.

"저렇게 멋진 밴드가 어디에서 왔을까?"

사람들은 대통령보다 브라스밴드에 더 관심을 보였습니다.

브라스밴드는 대통령 앞에서 훌륭하게 연주했습니다.

그 뒤로도 브라스밴드는 여러 행사에 초대 받아 연주를 했습니다.

'음악을 하고 나서 아이들이 훨씬 밝아지고 남을 배려하는 마음도 생겼어.'

신부님은 큰 보람을 느꼈습니다.

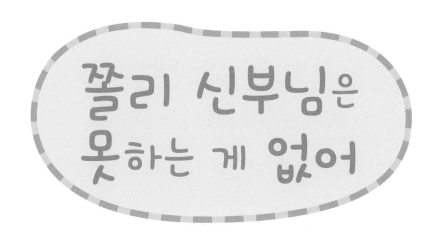

쫄리 신부님은
못하는 게 없어

"쫄리 신부님, 제발 우리 아기 좀 살려 주세요."

열이 오르고 얼굴에는 붉은 꽃이 핀 아기를 데리고 한 어머니가 찾아왔습니다. 홍역이었습니다. 수단에는 홍역으로 많은 아이들이 죽어 갔습니다.

'백신만 맞으면 홍역을 예방할 수 있는데 날씨가 너무 더워서 백신을 보관할 수가 없어. 냉장고만 있으면 해결되는데……
…….'

신부님은 또 고민하기 시작했습니다. 냉장고를 돌리려면 전기가 필요했습니다. 하지만 지금의 태양열로는 냉장고를 돌릴 수 없었습니다.

'태양열을 많이 모아서 전기로 바꿔야 해. 그리고 전기를 모아 두는 것도 필요해. 아무래도 기술자를 불러야겠어.'

신부님은 망설였습니다. 먼 곳에서 기술자를 부르려면 돈이 많이 들기 때문입니다. 신부님은 스스로 한번 해 보기로 마음먹었습니다. 언제나 도전하는 걸 좋아하는 신부님이었으니까요.

신부님은 그날부터 전기에 대해 공부하기 시작했습니다. 그러고는 나이로비에 나가 필요한 것들을 사 와 공사를 시작했습니다.

　　"신부님, 뭐 하시는 거예요?"

　　아이들이 물었습니다.

　　"냉장고를 켜려고 그러는 거다."

　　"냉장고가 뭐예요?"

　　"뭐든 냉장고 안에 넣으면 시원해지지. 약을 냉장고에 보관하면 오래 쓸 수 있어."

　　"정말 그런 게 있어요?"

　　아이들은 신기해 했습니다.

　　얼마 후 신부님은 드디어 냉장고를 켜는 데 성공했습니다.

　　"와, 쫄리 신부님은 못하는 게 없어."

　　아이들은 엄지손가락을 치켜들며 좋아했습니다.

　　신부님은 냉장고 안에 백신을 보관했습니다. 이제 백신은 더위에도 끄떡없게 되었습니다. 그 덕에 톤즈에서는 홍역이

사라졌습니다.

　신부님은 우물을 파기로 했습니다. 수단에는 일 년에 석 달 정도만 비가 내립니다. 그래서 물이 아주 귀합니다. 멀리까지 가서 먹을 물을 길어 와야 하는데, 그것도 흙탕물이었습니다.

그 물을 마시고 아이들은 콜레라 같은 질병에 시달렸습니다.

신부님은 아이들에게 깨끗한 물을 먹이고 싶었습니다.

'우물을 파는 것도 톤즈에서는 중요한 일이야.'

신부님은 잠시도 쉬지 않았습니다.

그런데 그렇게 열심히 일을 하는 동안 조금씩 몸이 이상해졌습니다. 쉽게 피곤해지고 설사를 자주 했습니다.

그때 마침 병원에는 한국에서 봉사를 하러 온 의사가 있었습니다.

"신부님. 이번에 한국에 휴가를 가시면 꼭 건강 검진을 해 보세요."

한국 의사가 신부님에게 말했습니다. 그러고 보니 신부님은 다른 사람의 건강만 신경 썼지 자신은 단 한 번도 건강 검진을 받아 본 적이 없었습니다.

"하하하, 그러지요. 하지만 뭐 별일이야 있겠습니까?"

신부님은 환하게 웃으며 말했습니다.

## 가장 행복했던 8년

신부님은 이 년에 한 번씩 한국으로 휴가를 떠났습니다.

"쫄리 신부님, 빨리 돌아오셔야 해요."

마을을 떠날 때 아이들은 신부님 주위에 몰려들었습니다. 잠깐 동안 헤어지는 것인데도 많이 아쉬워했습니다.

"어머니는 잘 지내고 계실까?"

신부님은 비행기 안에서 어머니 얼굴을 떠올렸습니다. 많이 보고 싶었습니다.

'우물을 파다 말고 와서 그것이 마음에 걸려. 얼른 일을 마치

고 돌아가서 우물을 마저 파야지.'

신부님은 한편으로는 얼른 톤즈로 돌아가야겠다는 생각도 했습니다.

한국에 온 신부님은 건강 검진을 받았습니다. 그런데 안타깝게도 신부님의 몸에서 이상이 발견되었습니다.

"신부님, 대장암입니다. 한국에서 치료를 받아야 합니다."

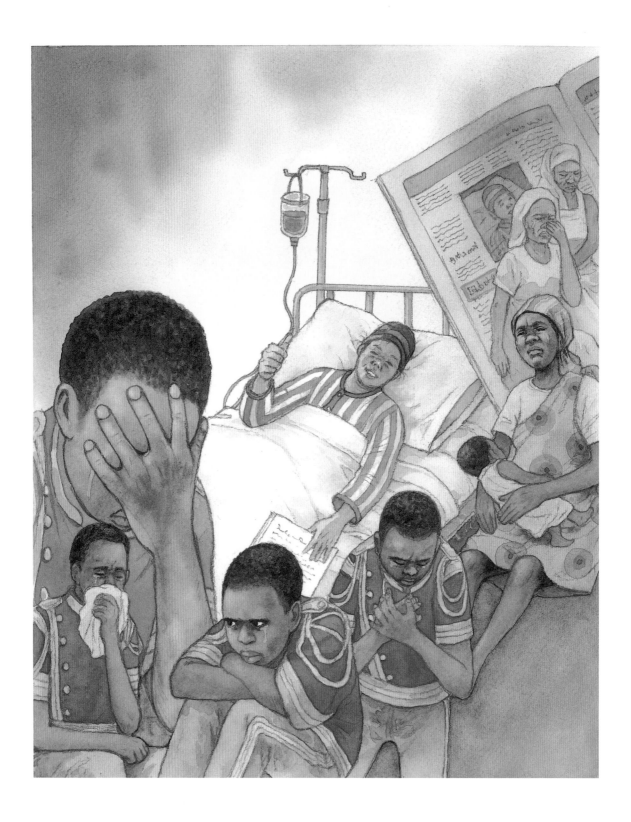

청천벽력과 같은 의사의 말에 놀란 것도 잠시, 신부님은 톤즈의 아이들이 떠올랐습니다.

"나는 톤즈로 돌아가야 합니다. 우물을 파다 말고 왔어요. 그리고 아이들이 저를 기다립니다. 환자들도요."

신부님은 자신의 아픈 몸은 상관하지 않고 톤즈 걱정만 했습니다.

"신부님, 치료를 받고 건강해져서 돌아가세요. 건강하셔야 우물도 파고 환자들도 돌보지요."

의사를 비롯해 신부님의 주변 사람들은 신부님을 설득했습니다.

"좋아요. 그럼 열심히 치료를 받겠습니다."

신부님도 마음을 바꿨습니다.

신부님이 아프다는 이야기는 수단에도 알려졌습니다. 톤즈 사람들은 신부님이 어서 낫기를 기도했습니다.

신부님은 치료를 받는 중에 '수단장학회'를 통해 톤즈 아이 두 명을 한국으로 초청했습니다.

"토마스와 존은 훌륭한 사람이 될 아이들이에요. 한국에서 공부를 시켰으면 좋겠어요. 한국에서 대학교를 다닐 수 있도록 도와주세요."

그것은 신부님이 간절하게 바라던 일이었습니다.

드디어 토마스와 존이 한국에 왔습니다.

"신부님."

신부님을 만난 토마스와 존은 울음을 터뜨리고 말았습니다. 신부님은 몰라보게 야위어 있었습니다.

"나는 괜찮다. 너희들 둘은 열심히 공부해서 훌륭한 의사가 되어라."

신부님은 환하게 웃어 보였습니다.

치료를 받아도 신부님은 좋아지지 않았습니다.

신부님은 병과 싸우면서도 항상 감사의 기도를 올렸습니다.

'하느님, 저는 톤즈에서 살았던 8년이 가장 행복했습니다. 저에게 그런 축복을 주셔서 감사합니다.'

기어이 신부님은 세상을 떠나고 말았습니다. 눈이라도 내릴

것 같은 2010년 1월 14
일, 새벽이었습니다.
그때 신부님의 나이 마
흔아홉이었습니다.

**톤즈 보스코 브라스밴드** | 2012년 10월 20일, 남수단 톤즈 살레시오 공동
체 '톤즈 보스코 브라스밴드' 단원들이 한국에 와 고 이태석 신부를 추모
하는 연주를 하였습니다.

신부님이 세상을 떠
났다는 소식은 톤즈에
도 알려졌습니다. 톤즈
의 아이들은 신부님이
오기를 손꼽아 기다렸
지만, 신부님 대신 신

부님의 마지막 모습이 담긴 영상이 왔습니다. 아이들은 영상
속의 신부님을 보며 울음을 터뜨렸습니다.

"우리 브라스밴드가 신부님에게 마지막으로 멋진 연주를 들
려 드리자."

"좋아, 그렇게 하자!"

브라스밴드 아이들은 유니폼을 입고 악기를 들고 밖으로 나

왔습니다. 신부님의 커다란 사진을 든 아이 뒤로 브라스밴드
아이들이 눈물로 연주를 하며 마을을 돌았습니다.

　사진 속 신부님은 그런 브라스밴
드의 연주를 들으며 환하게
웃었습니다. ❀

## 이태석의 삶

| 연 대 | 발 자 취 |
|---|---|
| 1962년(1세) | 부산의 남부민동에서 4남 6녀 중 아홉째로 태어나다. |
| 1981년(20세) | 부산의 경남고등학교를 졸업하고, 김해에 있는 인제대학교 의과대학에 입학하다. 대학 재학 중에 군의관으로 복무하다. |
| 1991년(30세) | 살레시오 수도회에 입회하다. |
| 1992년(31세) | 광주가톨릭대학교에 편입하다. |
| 1999년(38세) | 로마 교황청 설립 살레시오 대학교에 유학하다. |
| 2001년(40세) | 사제 서품을 받고 신부가 되다. 12월, 남수단 톤즈에 부임하다. |
| 2006년(45세) | 수단을 후원하는 모임인 '수단장학회'를 만들다. |
| 2008년(47세) | 11월에 한국으로 휴가를 와 건강 검진 중에 대장암 판정을 받다. |
| 2009년(48세) | 제2회 '한미 자랑스러운 의사상'을 수상하다. |
| 2010년(49세) | 세상을 떠나다. 전라남도 담양 광주 교구 공원묘지 내 살레시오 묘역에 안장되다. |
| 2011년 | 선종 후 대한민국 국민훈장 무궁화장이 수여되다. |
| | 이태석 신부님이 돌아가신 후 수단을 돕기 위한 많은 단체가 생겼다. 이 단체들은 신부님이 만든 학교와 브라스밴드의 운영비, 그리고 병원 의약품비 및 우물 파기 사업 등을 후원하고 있다. 그리고 수단에 좀 더 많은 학교를 만들기 위해 '100개 학교 짓기 프로젝트'도 실천하고 있다. |

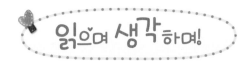
1. 이태석 신부님은 어렸을 적 다미안 신부님에 관한 영화를 보고 그분과
   같은 사람이 되고자 했습니다. 다미안 신부님의 어떤 점을 보고 그런
   생각을 했을까요?

2. 이태석 신부님이 톤즈의 아이들에게 음악을 가르치려고 마음먹은 이유
   는 무엇인가요?

3. 다음 글로 보아 아프리카 수단은 어떤 곳이라고 짐작할 수 있나요?

먼 곳에 사는 환자들도 며칠씩 걸어서
신부님을 찾아왔습니다. 수십 개나 되는
마을에 신부님을 제외하면 의사라고는 단
한 명도 없었거든요.

4. 이태석 신부님이 톤즈에 우물을 판 이유는 무엇인가요?

_____

_____



5. 암에 걸려 세상을 떠나기 직전 이태석 신부님은 이런 기도를 올렸습니다. 신부님이 왜 이런 기도를 했다고 생각하는지 나의 생각을 써 보세요.

하느님, 저는 톤즈에서 살았던 8년이 가장 행복했습니다. 저에게 그런 축복을 주셔서 감사합니다.

_____

_____

_____

_____

_____

6. 많은 사람들이 의사는 좋은 직업이라고 생각합니다. 이태석 신부님이 그런 의사의 길을 뒤로하고 신부가 된 것에 대해 어떻게 생각하나요?

_____

_____

_____

_____

7. 톤즈의 아이들은 나무 밑 그늘 학교에서 다음과 같이 말했습니다. 이 말을 하는 아이들은 어떤 마음으로 공부를 했을지 내 생각을 써 보세요.

걱정하지 마세요, 신부님.
땅바닥을 공책으로 쓰고 나
뭇가지를 연필로 쓰면 돼요.

_____

_____

풀이

1. 봉사하는 마음.

2. 전쟁과 가난으로 상처 받은 아이들 마음에 사랑하는 마음을 심어 주려고.

3. 병에 걸려도 제대로 치료를 받을 수 없는 곳.

4. 아이들에게 깨끗한 물을 마시게 하려고.

5. 예시 : 신부님은 가난하고 질병에 시달리는 사람이 많은 아프리카에 가서 신부님을 필요로 하는 사람들을 위해 봉사했습니다. 톤즈 사람들은 신부님 덕에 공부도 할 수 있었고 아픈 것도 나을 수 있었습니다. 또한 마음의 상처도 치료할 수 있었습니다. 그것이 바로 신부님이 꿈꾸던 생활이었습니다. 자신이 하고 싶은 일을 했으므로 가장 행복했을 것이고, 그래서 감사 기도를 할 수 있었던 것 같습니다.

6. 예시 : 한편으로는 의사라는 직업을 버린 것이 참 아깝다고 생각합니다. 하지만 신부님은 어렸을 적부터 어렵고 힘든 사람들에게 봉사하는 것이 꿈이었습니다. 신부님이 되는 것이 신부님의 꿈을 이루는 것이고 꿈을 이룬 사람이 행복한 사람이기 때문에 잘한 일이라고 생각합니다.

7. 예시 : 톤즈의 아이들은 학교가 부서지고 가르치는 사람이 없어서 공부를 하고 싶어도 하지 못하고 있었습니다. 그런데 이태석 신부님이 아이들을 가르치기 시작하자 공부하는 것이 즐겁고 좋았습니다. 공책과 연필이 없는 것은 아무 문제가 되지 않는다고 생각했을 것 같습니다.

**한국사 (상단)**

최무선 (1328~1395)
황희 (1363~1452)
세종대왕 (1397~1450)
장영실 (?~?)

신사임당 (1504~1551)
이이 (1536~1584)
허준 (1539~1615)
유성룡 (1542~1607)

한석봉 (1543~1605)
이순신 (1545~1598)
오성과 한음 (오성 1556~1618 / 한음 1561~1613)

광개토태왕 (374~412)
연개소문 (?~666)
을지문덕 (?~?)
김유신 (595~673)

장보고 (?~846)
왕건 (877~943)
강감찬 (948~1031)

대조영 (?~719)

고구려 살수대첩 (612)
신라 삼국통일 (676)

견훤 후백제 건국 (900)
궁예 후고구려 건국 (901)

고려 강화로 도읍 옮김 (1232)
개경 환도, 삼별초 대몽항쟁 (1270)

문익점 원에서 목화씨 가져옴 (1363)
최무선 화약 만듦 (1377)
조선 건국 (1392)

허준 동의보감 완성 (1610)
병자호란 (1636)
상평통보 전국 유통 (1678)

고조선 건국 (B.C. 2333)
철기문화 보급 (B.C. 300년경)
고조선 멸망 (B.C. 108)
고구려 불교 전래 (372)
신라 불교 공인 (527)
대조영 발해 건국 (698)
장보고 청해진 설치 (828)
왕건 고려 건국 (918)
귀주대첩 (1019)
윤관 여진 정벌 (1107)
훈민정음 창제 (1443)
임진왜란 (1592~1598)
한산도 대첩 (1592)

| B.C. | 선사 시대 및 연맹 왕국 시대 | A.D. | 삼국 시대 | 698 남북국 시대 | 918 | 고려 시대 | 1392 |
|------|------|------|------|------|------|------|------|

| 2000 | 500 | 400 | 300 | 100 | 0 | 300 | 500 | 600 | 800 | 900 | 1000 | 1100 | 1200 | 1300 | 1400 | 1500 | 1600 |
|------|-----|-----|-----|-----|---|-----|-----|-----|-----|-----|------|------|------|------|------|------|------|

| B.C. | 고대 사회 | A.D. 375 | 중세 사회 | 1400 |
|------|------|------|------|------|

**세계사 (하단)**

중국 황하 문명 시작 (B.C. 2500년경)
인도 석가모니 탄생 (B.C. 563년경)
알렉산더 대왕 동방 원정 (B.C. 334)

크리스트교 공인 (313)
게르만 민족 대이동 시작 (375)
로마 제국 동서로 분열 (395)

수나라 중국 통일 (589)
이슬람교 창시 (610)
수 멸망 당나라 건국 (618)

러시아 건국 (862)
거란 건국 (918)
송 태종 중국 통일 (979)

제1차 십자군 원정 (1096)

테무친 몽골 통일 칭기즈 칸이 됨 (1206)
원 제국 성립 (1271)

원 멸망 명 건국 (1368)

잔 다르크 영국군 격파 (1429)
구텐베르크 금속 활자 발명 (1450)

코페르니쿠스 지동설 주장 (1543)
도요토미 히데요시 일본 통일 (1590)

독일 30년 전쟁 (1618)
영국 청교도 혁명 (1642~1649)
뉴턴 만유인력의 법칙 발견 (1665)

석가모니 (B.C. 563?~ B.C. 483?)
예수 (B.C. 4?~ A.D. 30)
칭기즈 칸 (1162~1227)

정약용
(1762~1836)

김정호
(?~?)

주시경
(1876~1914)

김구
(1876~1949)

안창호
(1878~1938)

안중근
(1879~1910)

우장춘
(1898~1959)

유관순
(1902~1920)

방정환
(1899~1931)

윤봉길
(1908~1932)

이중섭
(1916~1956)

백남준
(1932~2006)

이태석
(1962~2010)

이승훈
천주교
전도
(1784)

최제우
동학
창시
(1860)

김정호
대동여
지도
제작
(1861)

강화도
조약
체결
(1876)

지석영
종두법
전래
(1879)

갑신
정변
(1884)

동학
농민
운동,
갑오
개혁
(1894)

대한
제국
성립
(1897)

을사
조약
(1905)

헤이그
특사
파견,
고종
퇴위
(1907)

한일
강제
합방
(1910)

3·1
운동
(1919)

어린이날
제정
(1922)

윤봉길·
이봉창
의거
(1932)

8·15
광복
(1945)

대한
민국
정부
수립
(1948)

6·25
전쟁
(1950~1953)

10·26
사태
(1979)

6·29
민주화
선언
(1987)

서울
올림픽
개최
(1988)

북한
김일성
사망
(1994)

의약
분업
실시
(2000)

| 조선 시대 | | | | 1876 개화기 | | | 1897 대한 제국 | 1910 | 일제 강점기 | | | 1948 | 대한민국 | | | |
|---|---|---|---|---|---|---|---|---|---|---|---|---|---|---|---|---|
| 1700 | 1800 | 1850 | 1860 | 1870 | 1880 | 1890 | 1900 | 1910 | 1920 | 1930 | 1940 | 1950 | 1970 | 1980 | 1990 | 2000 |

| 근대 사회 | | | | | | | 1900 | | | | 현대 사회 | | | | | |

미국
독립
선언
(1776)

프랑스
대혁명
(1789)

청·영국
아편
전쟁
(1840~1842)

미국
남북
전쟁
(1861~1865)

베를린
회의
(1878)

청·
프랑스
전쟁
(1884~1885)

청·일
전쟁
(1894~1895)

헤이그
평화
회의
(1899)

영·일
동맹
(1902)

러·일
전쟁
(1904~1905)

제1차
세계
대전
(1914~1918)

러시아
혁명
(1917)

세계
경제
대공황
시작
(1929)

제2차
세계
대전
(1939~1945)

태평양
전쟁
(1941~1945)

국제
연합
성립
(1945)

소련
최초
인공위성
발사
(1957)

제4차
중동
전쟁
(1973)

소련
아프가니
스탄
침공
(1979)

미국
우주
왕복선
콜럼비아
호 발사
(1981)

독일
통일
(1990)

유럽
11개국
단일
통화
유로화
채택
(1998)

미국
9·11
테러
(2001)

워싱턴
(1732~1799)

페스탈
로치
(1746~1827)

모차
르트
(1756~1791)

나폴
레옹
(1769~1821)

링컨
(1809~1865)

나이팅
게일
(1820~1910)

파브르
(1823~1915)

노벨
(1833~1896)

에디슨
(1847~1931)

가우디
(1852~1926)

라이트
형제
(형, 윌버
1867~1912 /
동생, 오빌
1871~1948)

마리
퀴리
(1867~1934)

간디
(1869~1948)

아문센
(1872~1928)

슈바이처
(1875~1965)

아인슈
타인
(1879~1955)

헬렌
켈러
(1880~1968)

테레사
(1910~1997)

만델라
(1918~2013)

마틴
루서 킹
(1929~1968)

스티븐
호킹
(1942~2018)

오프라
윈프리
(1954~)

스티브
잡스
(1955~2011)

빌
게이츠
(1955~)

2023년 6월 25일 1판 5쇄 **펴냄**
2014년 1월 10일 1판 1쇄 **펴냄**

**펴낸곳** (주)효리원
**펴낸이** 윤종근
**글쓴이** 박현숙 · **그린이** 윤만기
**사진 제공** 연합뉴스
**등록** 1990년 12월 20일 · **번호** 2-1108
**우편 번호** 03147
**주소** 서울시 종로구 삼일대로 457, 406호
**전화** 02)3675-5222 · **팩스** 02)765-5222

ⓒ 2014, (주)효리원

잘못 만들어진 책은 구입하신 서점에서 바꾸어 드립니다.
ISBN 978-89-281-0315-7 64990

**이메일** hyoreewon@hyoreewon.com
**홈페이지** www.hyoreewon.com